O REI DOS REIS

Uma História Contada por Charles Dickens

O REI DOS REIS

Tradução
Donaldo Buchweitz

Principis

Esta é uma publicação Principis, selo exclusivo da Ciranda Cultural
© 2025 Ciranda Cultural Editora e Distribuidora Ltda.

Traduzido do original em inglês
The life of our lord

Texto
Charles Dickens

Editora
Michele de Souza Barbosa

Tradução
Donaldo Buchweitz

Consultoria
Amanda Veras

Produção editorial
Ciranda Cultural

Diagramação
Linea Editora

Revisão
Fernanda R. Braga Simon
Mônica Glasser

Ilustração
Laerte Silvino

Design de capa
Ana Suely S. Dobón

Dados Internacionais de Catalogação na Publicação (CIP) de acordo com ISBD

D548r	Dickens, Charles
	O Rei dos Reis: uma história contada por Charles Dickens / Charles Dickens ; traduzido por Donaldo Buchweitz. – Jandira, SP : Principis, 2025.
	64 p. ; 15,5cm x 22,6cm.
	ISBN: 978-65-5097-211-0
	1. Literatura Cristã. 2. Contos cristãos. 3. Religião. 4. Fé. 5. Cristianismo. I. Buchweitz, Donaldo. II. Título.
2025-1402	CDD 240 CDU 24

Elaborado por Vagner Rodolfo da Silva - CRB-8/9410

Índice para catálogo sistemático:
1. Literatura Cristã 240
2. Literatura Cristã 24

1ª edição em 2025
www.cirandacultural.com.br
Todos os direitos reservados.
Nenhuma parte desta publicação pode ser reproduzida, arquivada em sistema de busca ou transmitida por qualquer meio, seja ele eletrônico, fotocópia, gravação ou outros, sem prévia autorização do detentor dos direitos, e não pode circular encadernada ou encapada de maneira distinta daquela em que foi publicada, ou sem que as mesmas condições sejam impostas aos compradores subsequentes.

Esta obra reproduz costumes e comportamentos da época em que foi escrita.

Prefácio da Primeira Edição

Por Lady Dickens

Este livro, última das criações de Charles Dickens a ser publicada, possui um caráter tão especial e um propósito tão íntimo que se destaca completamente de tudo o que ele escreveu ao longo da vida.

Não se trata de uma revelação intelectual, mas, sim, de uma expressão do coração, da ternura e da fé do autor – um tributo à sua humanidade e à sua devoção sincera a Nosso Senhor.

Escrito em 1849, vinte e um anos antes de sua morte, o livro foi pensado exclusivamente para ser lido por seus filhos. Dickens não tinha a intenção de publicá-lo: queria apenas deixar para sua família um testemunho duradouro de suas crenças e da história que ele mais prezava contar.

Após a morte de Charles Dickens, o manuscrito permaneceu sob os cuidados de sua cunhada, Georgina Hogarth. Com a morte da senhora Hogarth, em 1917, a responsabilidade passou para o filho Henry Fielding Dickens. Em seu testamento, *sir* Henry estabeleceu que, se a maioria da família fosse favorável, *O Rei dos reis* deveria ser compartilhado com o mundo exatamente como ele havia sido escrito. Assim, foi publicado pela primeira vez em março de 1934.

Marie Dickens
Abril de 1934

Capítulo 1

Meus queridos filhos,

Desejo muito que vocês conheçam a história de Jesus Cristo, pois todos deveriam saber sobre Ele. Nunca existiu alguém que fosse tão bondoso, tão gentil, tão amoroso e que tivesse tanta compaixão por toda a humanidade.

Agora Ele está no Céu – para onde esperamos ir e nos reencontrar com Ele depois da morte, para sermos felizes juntos para sempre.

Vocês jamais poderão imaginar como o Céu é um bom lugar, sem antes saberem quem Ele foi e o que fez.

Jesus Cristo nasceu há muito, muito tempo – há mais de dois mil anos –, em um lugar chamado Belém.

Seu pai e Sua mãe, José e Maria, moravam na cidade de Nazaré, mas viajaram para Belém porque um decreto do imperador romano César Augusto ordenava que todos os habitantes do Império fossem registrados em suas cidades de origem.

Como o lugar estava repleto de pessoas – todas ali pelo mesmo motivo –, José e Maria não encontraram vaga em nenhuma estalagem, nem mesmo um espaço nas casas de família que costumavam acolher viajantes. Assim, acabaram abrigando-se em um estábulo, e foi ali, em meio à simplicidade, que Jesus Cristo nasceu.

Como não havia berço nem um lugar mais confortável, Maria deitou o menino em uma manjedoura – e ali Ele adormeceu serenamente.

Enquanto o menino dormia, alguns pastores que cuidavam de seus rebanhos nos campos avistaram um anjo de Deus – todo iluminado e belo – aproximando-se sobre a relva. A princípio, ficaram com medo, mas o anjo anunciou a eles o nascimento de Jesus: "Hoje, na cidade de Belém, nasceu um menino, filho de Deus, que ensinará as pessoas a se amarem, a não brigarem, a não ferirem umas às outras. Seu nome será Jesus Cristo. Esse nome será pronunciado em orações por todo o mundo, pois todos saberão que Deus o ama – e também saberão que devem amá-lo".

O anjo lhes deu um sinal, e os pastores foram até o estábulo e viram o menino deitado na manjedoura. Eles se ajoelharam ao lado Dele, enquanto Ele dormia, e disseram com reverência: "Deus abençoe este menino!"

Naquela terra, o lugar mais importante era Jerusalém – e era lá que morava o rei Herodes, o Grande.

O Rei dos reis

Certo dia, chegaram a Jerusalém alguns homens sábios vindos do Oriente e disseram ao rei: "Vimos uma estrela no céu que nos revelou o nascimento de um menino em Belém – aquele que crescerá e será amado por todos".

Quando o rei Herodes, que comandava a Galileia com mão de ferro, ouviu aquilo, ficou tomado pela raiva e tentou disfarçar seus sentimentos.

Discretamente, perguntou aos sábios: "Onde está esse menino?"

"Não sabemos ao certo", responderam eles. "Mas acreditamos que a estrela nos mostrará, pois nos tem guiado durante todo o caminho até aqui – e agora permanece parada no céu."

Herodes, então, pediu que eles seguissem a estrela para ver onde o menino estava. Ordenou também que, assim que o encontrassem, voltassem para contar a ele.

Obedecendo ao rei, os sábios saíram e seguiram a estrela, que ia adiante deles, até parar sobre o lugar onde estava o menino.

Isso foi maravilhoso – mas foi Deus quem ordenou que assim acontecesse.

Capítulo 2

Logo depois da morte do rei Herodes, um anjo do Senhor apareceu novamente a José e lhe disse que já era seguro retornar a Jerusalém, pois não mais havia motivo para temer por causa do menino.

Assim, José, Maria e Jesus Cristo viajaram em direção a Jerusalém. Mas, durante o percurso, Maria e José souberam que o novo rei era o filho de Herodes, o Grande, e temeram que ele também quisesse fazer mal à criança. Por isso, foram morar em Nazaré. Ali permaneceram até que Jesus completou doze anos.

Quando Ele tinha essa idade, José e Maria viajaram a Jerusalém para participar de uma festa religiosa – que naquele tempo era celebrada no Grande Templo, e levaram o menino com eles.

Quando a festa terminou, partiram de volta a Nazaré, acompanhados por muitos amigos e vizinhos. Naquela época, era comum as pessoas viajarem em grupos grandes, com medo de ladrões, pois as estradas não eram seguras, e deslocar-se de uma cidade para outra era muito difícil e perigoso.

Eles seguiram viagem e não perceberam que Jesus não estava com eles. Como o grupo era grande, imaginaram que Ele estivesse em algum lugar entre os outros viajantes, embora não O tivessem visto. Mas, ao se darem conta de que Jesus Cristo realmente não estava lá – e temendo que estivesse perdido –, voltaram a Jerusalém, tomados de aflição, para procurá-lo.

José e Maria encontraram o menino no Templo, sentado entre os Doutores – homens sábios que ensinavam as Escrituras –, conversando com eles sobre a bondade de Deus e sobre como todos devemos a Ele nosso amor e nossa obediência.

Esses homens não eram o que hoje entendemos por "doutores"; eles não atendiam pessoas doentes – eram estudiosos e homens inteligentes. E Jesus Cristo demonstrou tanto conhecimento no que lhes dizia e nas perguntas que lhes fazia que todos ficaram admirados.

Depois disso, Ele voltou com José e Maria para Nazaré e viveu ali.

Naquela época, havia um homem muito bom chamado João – filho de Isabel, prima de Maria. Como as pessoas estavam se tornando más e violentas, esquecendo-se de Deus e até matando umas às outras, João pregava e pedia que todos se tornassem melhores e mais justos e voltassem ao caminho do Senhor.

O Rei dos reis

Ele amava as pessoas mais do que a si mesmo e não se importava com o próprio conforto enquanto fazia o bem. Por isso, vestia-se com uma pele de camelo e alimentava-se apenas de gafanhotos – um tipo de inseto que encontrava pelo caminho – e de mel silvestre, deixado pelas abelhas em árvores ocas.

Vocês provavelmente nunca viram um gafanhoto, pois eles vivem naquela região próxima a Jerusalém, que fica muito longe daqui. Mas talvez já tenham visto um camelo. De vez em quando, alguns camelos são trazidos para cá – e, se quiserem ver um, posso mostrar a vocês.

Perto de Jerusalém havia um rio de nome Jordão. E era nesse rio que João batizava as pessoas que vinham até ele, e pregava o arrependimento, pedindo que elas se tornassem melhores. Multidões iam ao seu encontro.

Jesus Cristo também foi.

Ao vê-lo, João disse: "Por que eu deveria batizar você, que é muito melhor do que eu?" Jesus respondeu: "Deixa que seja assim por enquanto". Então, João batizou o filho de Deus. Quando isso aconteceu, o céu se abriu, uma pomba desceu voando, e ouviu-se do céu a voz do Pai dizendo: "Este é o meu Filho amado, em quem me comprazo"[1].

Depois disso, Jesus foi para uma região deserta – selvagem e silenciosa, mas também bela –, onde permaneceu por quarenta dias e quarenta noites em oração. Ali buscou força e sabedoria para cumprir Sua missão: ajudar as pessoas, ensiná-las a viver com amor e bondade e prepará-las para alcançar a felicidade eterna no céu.

---

[1] Mateus 3:17 (Almeida Revista e Corrigida – ARC). (N.T.)

Quando saiu do deserto, Jesus começou a pregar arrependimento, chamar os discípulos para andar com Ele. Logo depois, começou a curar os doentes apenas com o toque de suas mãos, pois Deus Lhe havia concedido o poder de curar, de dar visão aos cegos e de realizar muitas obras maravilhosas e sagradas – das quais falarei mais adiante. Essas obras ficaram conhecidas como os "milagres" de Cristo.

Gostaria que vocês se lembrassem bem dessa palavra, pois vou usá-la novamente – e é importante que saibam que ela se refere a algo extraordinário, que só pode acontecer com a permissão e a ajuda de Deus.

O primeiro milagre que Jesus Cristo realizou aconteceu em uma pequena cidade chamada Caná, na região da Galileia, onde Ele havia sido convidado para uma festa de casamento, junto com Maria, Sua mãe.

Quando Maria lhe contou que o vinho havia acabado, Jesus olhou ao redor e viu seis potes de pedra cheios de água. Então, apenas levantando a mão, transformou a água em vinho – e todos os presentes beberam dele.

Deus havia concedido a Jesus Cristo o poder de realizar tais maravilhas. E Ele as fazia para que as pessoas entendessem que não era um homem comum, mas, sim, alguém enviado por Deus – e, assim, cressem em Seus ensinamentos.

Muitos, ao ouvirem sobre esses milagres e curas, começaram a crer em Jesus. Então, grandes multidões passaram a segui-Lo pelas ruas e estradas, por onde quer que Ele fosse.

Capítulo 3

Para que tivesse bons homens ao Seu lado, que O acompanhassem e O ajudassem a ensinar o povo, Jesus Cristo escolheu doze homens simples como companheiros. Eles são chamados de apóstolos ou discípulos. Jesus os escolheu entre pessoas humildes para que os pobres soubessem – para sempre, por todas as gerações – que o céu foi feito para eles tanto quanto para os ricos, e que Deus não faz distinção entre quem usa roupas finas e quem anda descalço e em trapos.

As criaturas mais miseráveis, feias, deformadas ou sofridas deste mundo serão anjos radiantes no Céu – se forem boas aqui na terra. Nunca se esqueçam disso quando crescerem. Nunca sejam orgulhosos ou cruéis, meus queridos, com qualquer homem, mulher ou criança pobre.

Se eles forem maus, pensem que talvez fossem melhores se tivessem tido amigos bondosos, um lar digno e uma boa educação. Por isso, procurem torná-los melhores com palavras gentis. Tentem ensiná-los, confortá-los e ajudá-los sempre que possível.

Quando ouvirem alguém falar mal dos pobres e miseráveis, lembrem-se de como Jesus Cristo andava entre eles, lhes ensinava e os tratava como dignos do Seu cuidado. Tenham compaixão – e pensem o melhor que puderem a respeito deles.

Os doze apóstolos eram: Simão, também chamado de Pedro, André, Tiago, filho de Zebedeu, João, Filipe, Bartolomeu, Tomé, Mateus, Tiago, filho de Alfeu, Tadeu, Simão e Judas Iscariotes. Este último mais tarde trairia Jesus Cristo, como vocês ouvirão mais adiante.

Os quatro primeiros discípulos eram pescadores, sentados em seus barcos à beira-mar, consertando as redes, quando Jesus Cristo passou por ali. Ele parou, subiu no barco de Simão Pedro e perguntou se haviam pescado muito. Pedro respondeu que não – embora tivessem trabalhado a noite inteira, nada haviam apanhado. Então Jesus disse: "Lança a rede novamente". Eles obedeceram – e a rede se encheu de tantos peixes que foi necessária a força de vários homens, chamados a ajudá-los, para puxá-la para fora da água. Este foi mais um dos milagres de Jesus Cristo. Então Jesus disse: "Vinde comigo". E eles o seguiram imediatamente. A partir desse momento, os doze discípulos estiveram ao lado de Jesus Cristo.

Como grandes multidões O seguiam e desejavam ser ensinadas, Jesus subiu a uma montanha e lá pregou a todos. Foi nesse momento que Ele pronunciou as palavras daquela oração que vocês recitam todas as noites: "Pai nosso, que estais no céu, santificado seja o Vosso nome...". Esta é chamada de Oração do Senhor, porque foi dita pela primeira vez por Jesus Cristo e porque Seus discípulos pediram para que Ele os ensinasse a orar com essas palavras.

Quando desceu da montanha, veio até Ele um homem com uma doença chamada lepra. Era uma doença terrível, mas muito comum naqueles tempos, para a qual não havia cura. O homem caiu aos pés de Jesus Cristo e disse: "Senhor! Se quiseres, podes me curar". Jesus, sempre cheio de compaixão, estendeu a mão e disse: "Quero! Fica curado!" – e a doença desapareceu imediatamente.

Sendo seguido por grandes multidões aonde ia, Jesus entrou com Seus discípulos numa casa, para descansar. Enquanto estava ali sentado, alguns homens trouxeram, deitado numa padiola[2], um homem paralítico, com uma doença que fazia todo o seu corpo tremer, da cabeça aos pés, sem que pudesse se mover ou se levantar. Mas, como a casa estava cercada de gente, e não conseguiam chegar até Jesus, esses homens subiram ao telhado da casa – que era baixa – e, retirando algumas telhas, desceram a cama com o doente até a sala onde Jesus estava.

Ao vê-lo, Jesus, cheio de piedade, disse: "Levanta-te! Pega tua cama e vai para tua casa!"[3] E o homem se levantou, pegou sua cama e se foi, completamente curado.

Houve também um centurião romano – um oficial do exército – que veio até Ele e disse: "Senhor! Meu servo está em casa, muito

---

[2] Espécie de maca simples, feita de tecido ou esteira esticada sobre suportes, que podia ser carregada por quatro pessoas – uma em cada canto. (N.T.)
[3] Marcos 2:1-12 (Almeida Revista e Corrigida – ARC). (N.T.)

doente". Jesus respondeu: "Irei curá-lo". Mas em seguida o centurião disse: "Senhor! Não sou digno de que entres em minha casa. Dize apenas uma palavra, e sei que ele será curado"[4]. Então Jesus, feliz por ver tamanha fé, disse: "Seja feito assim!" – e, naquele exato momento, o servo ficou são.

Mas de todas as pessoas que vieram a Jesus, nenhuma estava tão aflita quanto um homem que era um chefe ou magistrado. Ele retorcia as mãos, chorava e dizia: "Ó Senhor, minha filha, minha linda, boa e inocente menininha, está morta! Vem até ela, por favor, põe tua mão bendita sobre ela, e sei que ela viverá de novo e nos fará felizes, a mim e à mãe dela. Ó Senhor, nós a amamos tanto, tanto! E agora ela se foi!"

Jesus Cristo o acompanhou até a casa, assim como Seus discípulos. Ali os parentes e vizinhos choravam no quarto onde jazia a pobre menina morta, enquanto uma música suave tocava – como era costume, naqueles dias, quando alguém morria.

Jesus Cristo, olhando para ela com ternura, disse, para consolar os pais aflitos: "Ela não está morta. Está apenas dormindo". Pediu que todos saíssem do quarto, aproximou-se então da menina, pegou sua mão e ela se levantou, viva, como se apenas tivesse dormido.

Ah! Que cena deve ter sido – ver os pais a abraçando, beijando, agradecendo a Deus e a Seu Filho Jesus Cristo por tamanha misericórdia!

Mas Ele era sempre misericordioso e cheio de ternura. E, porque fazia tanto bem e ensinava as pessoas a amar a Deus e a esperar a vida eterna no céu, foi chamado de Nosso Salvador.

---

[4] Evangelho de Mateus 8:8; Lucas 7:6-7 (Almeida Revista e Corrigida – ARC). (N.T.)

Capítulo 4

Naquela terra onde Nosso Salvador realizava Seus milagres, havia um grupo religioso e político influente, cujos membros eram conhecidos como fariseus. Eles eram muito orgulhosos e acreditavam que ninguém, além deles mesmos, era bom. Eles eram mestres da lei e tentavam encontrar algo que pudesse incriminar Jesus, mas nunca conseguiram. Eles eram mestres, mas Jesus Cristo ensinava mais a seu povo do que eles.

Certa vez, num sábado (que os judeus chamavam – e ainda chamam – de sabá, o dia sagrado), enquanto Nosso Salvador caminhava pelos campos com Seus discípulos, eles colheram algumas espigas de trigo para comer. Os fariseus disseram que não era lícito fazer aquilo no dia de sábado.

Do mesmo modo, quando Jesus entrou em uma das sinagogas (que eram como igrejas) e olhou com compaixão para um homem que tinha a mão mirrada, toda encolhida e atrofiada, os fariseus perguntaram: "É certo curar alguém num sábado?" Nosso Salvador respondeu: "Se algum de vocês tivesse uma ovelha e ela caísse num buraco, vocês não a tirariam de lá, mesmo sendo sábado? E quanto mais vale um homem do que uma ovelha?"

Então, virando-se para o homem, disse: "Estende a tua mão!" – e ela foi curada imediatamente, tornando-se forte e saudável como a outra. Assim, Jesus Cristo os ensinou: "É sempre permitido fazer o bem, seja qual for o dia".

Pouco depois, Nosso Salvador foi até uma cidade chamada Naim, novamente seguido por uma multidão – especialmente por aqueles que tinham parentes ou amigos doentes. Muitos traziam os doentes às ruas por onde Ele passava e clamavam para que os tocasse. Quando Jesus Cristo o fazia, eles se curavam.

Enquanto caminhava com a multidão, ao se aproximar do portão da cidade Ele encontrou um funeral. Era o de um jovem, levado em um tipo de maca aberta chamada esquife – como era costume naquele país (e ainda é, em algumas partes do mundo). A mãe do rapaz seguia atrás, chorando muito, pois ele era seu único filho.

Ao vê-la tão aflita, Jesus se comoveu profundamente e disse: "Não chores". Os carregadores pararam. Jesus aproximou-se, tocou o féretro com a mão e disse: "Jovem, levanta-te". Ao ouvir a voz do Salvador, o morto voltou à vida, ergueu-se e começou a falar. Jesus então o entregou à sua mãe – ah, quão felizes eles ficaram! – e depois seguiu Seu caminho.

O Rei dos reis

A multidão era agora tão grande que Jesus desceu até a beira do lago e entrou em um barco, e pediu para eles passarem para a outra banda do lago. Quando já navegavam, Ele adormeceu e os discípulos permaneceram sentados no convés. Mas, enquanto Jesus Cristo dormia, formou-se uma tempestade violenta: as ondas batiam com força contra o barco, os ventos uivavam, e o barco sacudia tanto que os discípulos pensaram que fosse afundar.

Apavorados, acordaram Nosso Salvador, dizendo: "Senhor! Salva-nos, ou pereceremos!" Ele se levantou, ergueu o braço e disse ao mar agitado e ao vento que soprava: "Silêncio! Acalma-te!" Imediatamente, tudo ficou calmo – o céu claro, o mar sereno –, e o barco seguiu em paz sobre as águas.

Quando chegou ao outro lado, precisaram passar por um cemitério solitário, fora da cidade para onde iam. Naquele tempo, todos os cemitérios ficavam fora das cidades. Ali vivia um homem, possuído por uma loucura terrível, que morava entre os túmulos e gritava o dia inteiro, assustando os viajantes.

Tentaram acorrentá-lo, mas ele era tão forte que quebrava as correntes. Jogava-se sobre pedras cortantes, ferindo-se terrivelmente, gritando e gemendo sem parar. Ao ver Jesus de longe, o homem clamou: "É o Filho de Deus! Oh, Filho de Deus Altíssimo, não me atormentes!"[5] Jesus, ao se aproximar, percebeu que ele estava tomado por um Espírito Mau e expulsou-o, enviando aquele espírito para uma manada de porcos que pastava por perto. Imediatamente, os porcos correram desgovernados por um barranco até o mar – e ali morreram afogados.

---
[5] Marcos 5:7 (Almeida Revista e Corrigida – ARC). (N.T.)

Herodes Antipas, filho de Herodes, o Grande, o rei cruel que mandou matar os inocentes, reinava sobre o povo daquela região. Ao ouvir que Jesus Cristo estava realizando milagres – dando vista aos cegos, fazendo os surdos ouvir, os mudos falar e os coxos andar – e que era seguido por multidões e multidões de pessoas, disse: "Esse homem é companheiro e amigo de João Batista".

João era o homem bom, como vocês devem se lembrar, que vestia uma túnica feita de pelos de camelo e comia mel silvestre. Herodes o havia prendido porque ele ensinava e pregava ao povo e o mantinha encarcerado nas prisões do seu palácio.

Herodes Antipas ainda estava nesse estado de raiva contra João quando chegou o dia da festa de comemoração de seu aniversário. Salomé, filha de sua mulher, Herodíades, excelente dançarina, dançou diante dele para agradá-lo. E o agradou tanto que Herodes jurou solenemente que lhe daria o que quer que ela pedisse. Então, Salomé o surpreendeu: "Dá-me a cabeça de João Batista em uma bandeja"[6].

Herodes, embora relutante, atendeu ao pedido por ter feito o juramento diante de todos os convidados. Ele então mandou que alguns soldados fossem até a prisão, decapitassem João Batista e trouxessem a cabeça dele em uma bandeja de prata para Salomé.

Os seguidores de João Batista cuidaram de seu corpo após a execução. Depois do sepultamento, eles foram até Jesus para lhe contar o ocorrido. Profundamente tocado, Ele deixou aquela cidade e foi com Seus discípulos para outro lugar.

---

[6] Marcos 6:25 (Almeida Revista e Corrigida – ARC). (N.T.)

Capítulo 5

Um dos fariseus convidou Nosso Salvador para ir à sua casa e jantar com ele. Enquanto Jesus estava à mesa, entrou sorrateiramente na sala uma mulher daquela cidade que havia levado uma vida pecadora. Ela sentia vergonha de ser vista pelo Filho de Deus, mas confiava tanto em Sua bondade e em Sua compaixão por todos os que, tendo errado, se arrependiam sinceramente que, pouco a pouco, se aproximou por trás do assento onde Ele estava.

Ajoelhou-se aos Seus pés e os molhou com suas lágrimas de tristeza. Em seguida, beijou-os, enxugou-os com seus longos cabelos e os ungiu com um perfume precioso que trouxera em um vaso de alabastro. O nome dela era Maria Madalena.

Quando o fariseu viu que Jesus permitia que aquela mulher o tocasse, pensou que, se Ele fosse o profeta, bem saberia que a mulher que lhe havia tocado era uma pecadora. Mas Jesus, que conhecia seus pensamentos, disse: "Simão" – pois esse era seu nome – "se um homem tivesse dois devedores, um que lhe devesse quinhentas moedas e outro apenas cinquenta, e ele perdoasse a dívida de ambos, qual dos dois o amaria mais?" Simão respondeu: "Suponho que aquele a quem ele perdoou mais". Jesus disse que ele havia respondido corretamente e acrescentou: "Como Deus perdoou muitos pecados a esta mulher, espero que ela O ame muito por isso"[7].

Então, voltando-se para a mulher, disse: "A tua fé te salvou. Vai em paz"[8].

Todos os que estavam presentes se espantaram ao ver que Jesus tinha poder para perdoar pecados – Deus Lhe havia concedido esse poder. A mulher, grata por tanta misericórdia, foi embora em paz.

Aprendemos, com isso, que devemos sempre perdoar aqueles que nos causaram algum mal, quando vierem até nós sinceramente arrependidos. E, mesmo que não venham, ainda assim devemos perdoá-los e nunca os odiar nem ser cruéis, se queremos que Deus também nos perdoe.

Houve uma grande festa dos judeus, e Jesus Cristo foi a Jerusalém. Havia ali, perto do mercado das ovelhas, um reservatório de água conhecido por Betesda, com cinco entradas. Na época da festa, muitos doentes e aleijados iam a esse tanque para se banhar, acreditando que um anjo vinha agitar as águas, e que o primeiro a entrar nelas depois disso seria curado de qualquer doença, fosse qual fosse.

---

[7] Paráfrase de Lucas 7:47.
[8] Lucas 7:50 (Almeida, Revista e Corrigida - ARC). (N.T.)

O Rei dos reis

Entre essas pessoas, havia um homem que estava doente fazia trinta e oito anos. Ele contou a Jesus (que sentiu compaixão ao vê-lo deitado sozinho, sem ninguém que o ajudasse) que nunca conseguia chegar à água a tempo, pois estava fraco demais para se mover. Então Nosso Salvador disse: "Levanta-te, pega tua cama e vai embora"[9]. O homem se levantou e foi embora curado.

Muitos judeus viram isso e, por esse motivo, passaram a odiar ainda mais Jesus Cristo. Sabiam que o povo, sendo ensinado e curado por Ele, não acreditaria mais em seus sacerdotes, que lhe ensinavam falsidades e o enganavam. Então, diziam uns aos outros que Jesus deveria ser morto, porque curava no sábado (o que era contra suas leis rígidas) e porque se declarava o Filho de Deus. Começaram, então, a procurar inimigos contra Ele e a tentar fazer com que o povo se voltasse contra Ele nas ruas.

Mas as multidões O seguiam por todos os lugares, abençoando-O e pedindo para serem curadas e ensinadas, pois sabiam que Ele só fazia o bem.

Certa vez, Jesus atravessou o mar de Tiberíades e sentou-se com os discípulos numa encosta. Viu uma grande multidão esperando por Ele e perguntou a Filipe, um dos apóstolos: "Onde compraremos pão para alimentar todas essas pessoas, que vieram de tão longe?" Filipe respondeu: "Senhor, nem duzentas moedas de pão seriam suficientes, e nós não temos nada". Outro apóstolo, André, irmão de Simão Pedro, disse: "Há aqui um menino com cinco pães de cevada e dois

---

[9] João 5:8 (Almeida Revista e Corrigida – ARC). (N.T.)

peixinhos. Mas o que é isso para tanta gente?" Jesus disse: "Mandem todos se sentar".

Havia muita grama naquele lugar. Assim que todos se sentaram, Jesus tomou os pães, olhou para o céu, abençoou-os, partiu-os e entregou aos apóstolos, que os distribuíram entre o povo.

Com cinco pães e dois peixes, cinco mil homens, mulheres e crianças comeram à vontade. E ainda sobraram doze cestos cheios de pedaços de pão.[10] Esse foi mais um dos milagres de Jesus Cristo.

Depois disso, Jesus mandou Seus discípulos irem de barco para o outro lado do mar e disse que os alcançaria mais tarde, depois de despedir a multidão. Quando o povo se dispersou, Jesus ficou sozinho para orar. A noite caiu, e os discípulos ainda estavam remando no mar, imaginando quando Jesus viria.

Tarde da noite, com o vento contrário e as ondas altas, eles viram Jesus caminhar sobre a água, como se fosse terra firme. Ficaram apavorados e gritaram, mas Jesus disse: "Sou Eu. Não tenham medo!"

Pedro, tomando coragem, disse: "Senhor, se és Tu, manda-me ir até Ti sobre as águas". Jesus respondeu: "Vem!"[11] Pedro, então, caminhou em direção a Ele sobre as águas, mas, ao sentir o vento e ver as ondas agitadas, teve medo e começou a afundar. Teria se afogado se Jesus não o tivesse segurado pela mão e o conduzido de volta ao barco. No mesmo instante, o vento cessou – e os discípulos disseram uns aos outros: "É verdade! Ele é o Filho de Deus!".

---

[10] Mateus 15:32–39; Marcos 8:1–10 (Almeida Revista e Corrigida – ARC). (N.T.)
[11] Mateus 14:28-29 (Almeida Revista e Corrigida – ARC). (N.T.)

O Rei dos reis

Jesus fez ainda muitos outros milagres, curando inúmeros doentes. E, outra vez, cercado por uma multidão que o acompanhava havia três dias com pouco para comer, tomou sete pães e alguns peixes e os dividiu entre as pessoas – que eram quatro mil. Todos comeram e ficaram satisfeitos, e ainda sobraram sete cestos cheios.

Depois disso, Jesus dividiu os discípulos e os enviou por várias cidades e vilas, para ensinar o povo e lhes dar poder de curar, em nome de Deus, todos os que estivessem doentes.

E então começou a lhes contar (pois sabia o que aconteceria) que, um dia, Ele teria de voltar a Jerusalém, onde sofreria muito e certamente seria morto. Mas disse também que, três dias depois de Sua morte, ressuscitaria do túmulo e ascenderia ao céu, onde se sentaria à direita de Deus, intercedendo por todos os pecadores.

Capítulo 6

Seis dias depois do último milagre dos pães e dos peixes, Jesus Cristo subiu a um alto monte com apenas três de Seus discípulos – Pedro, Tiago e João. E, enquanto falava com eles ali, de repente Seu rosto começou a brilhar como o sol, e Suas roupas brancas resplandeciam como prata cintilante; Ele ficou diante dos discípulos como um anjo. Uma nuvem luminosa os cobriu, e uma voz vinda da nuvem ecoou: "Este é o meu Filho amado, em quem me comprazo. Ouvi-O!"[12]

Diante disso, os três discípulos se ajoelharam e cobriram o rosto, tomados de temor.

---

[12] Mateus 17:5; Marcos 9:7; Lucas 9:35 (Almeida Revista e Corrigida – ARC). (N.T.)

Esse acontecimento é conhecido como Transfiguração do Nosso Salvador.

Quando desceram do monte e voltaram para o meio do povo, um homem ajoelhou-se aos pés de Jesus e disse: "Senhor, tem piedade do meu filho! Ele sofre de uma terrível enfermidade, perde o controle de si mesmo, cai no fogo, na água, e está coberto de feridas. Teus discípulos tentaram curá-lo, mas não conseguiram".

Atendendo ao pedido do homem, Jesus curou o menino imediatamente e, voltando-se para os discípulos, disse que eles não haviam conseguido porque não acreditavam com fé verdadeira, como Ele esperava.

Os discípulos, então, perguntaram: "Mestre, quem é o maior no Reino dos céus?" Jesus chamou uma criança, tomou-a nos braços, colocou-a diante deles e respondeu: "Uma criança como esta. Eu vos digo: somente os que forem humildes como as crianças entrarão no Reino dos céus. Quem receber uma criança em meu nome, a mim recebe. Mas quem fizer mal a uma delas, seria melhor que tivesse uma pedra de moinho amarrada ao pescoço e fosse lançado ao fundo do mar. Os anjos são todas as crianças"[13].

Nosso Salvador amava as crianças – e amava a todos. Ninguém jamais amou tão profunda e verdadeiramente todas as pessoas como Ele.

Pedro perguntou: "Senhor, quantas vezes devo perdoar alguém que me ofende? Até sete vezes?" Jesus respondeu: "Setenta vezes sete

---

[13] Mateus 18:3-6 (Almeida Revista e Corrigida – ARC). (N.T.)

vezes, e mais ainda! Pois como você pode esperar que Deus o perdoe quando você erra, se não perdoar os outros?"[14]

Então contou aos discípulos uma história:

Havia um servo que devia ao seu senhor uma grande quantia em dinheiro e não podia pagar. O senhor, furioso, ia vendê-lo como escravo. Mas o servo ajoelhou-se e, com grande arrependimento, pediu perdão. O senhor teve compaixão e perdoou a dívida.

Mas aquele mesmo servo tinha um colega que lhe devia cem moedas. Em vez de ter compaixão, como seu senhor tivera, ele o mandou para a prisão até que pagasse a dívida.

Quando o senhor soube disso, foi até ele e disse: "Ó servo mau! Eu te perdoei. Por que não fizeste o mesmo com teu próximo?" E o mandou embora, com grande sofrimento.

Então disse Jesus: "Como podeis esperar o perdão de Deus se não perdoais os outros?"

Essa é a lição da parte da oração do "Pai-Nosso", em que dizemos: "Perdoai as nossas ofensas, assim como nós perdoamos a quem nos tem ofendido".

A palavra "ofensas" significa faltas.

Jesus contou, então, outra parábola:

Havia um fazendeiro que tinha uma vinha. Logo cedo, contratou alguns trabalhadores, prometendo pagar-lhes uma moeda pelo dia de trabalho. Mais tarde, saiu novamente e contratou mais alguns – e assim foi ao longo do dia, até a tarde. Quando chegou a hora de pagar,

---

[14] Paráfrase inspirada nas palavras de Jesus sobre o perdão, especialmente em dois trechos: Mateus 18:21-22 e Mateus 6:14-15. (N.T.)

todos receberam a mesma quantia. Os que trabalharam o dia inteiro reclamaram: "Isso não é justo! Trabalhamos mais do que os outros!" Mas o fazendeiro respondeu: "Amigo, combinamos uma moeda. O que te importa se eu dou o mesmo a outro?"[15]

Jesus ensinava com essas histórias que as pessoas boas, que fazem o bem a vida inteira, irão para o céu. Mas que também aqueles que foram maus, por ignorância ou sofrimento, e que se arrependerem verdadeiramente, mesmo que tarde na vida, também serão perdoados e irão para o céu.

Essas histórias que Jesus contava são chamadas de Parábolas. Ele as usava porque sabia que o povo gostava de ouvir assim, e se lembraria melhor dos ensinamentos.

As pessoas ouviam tudo o que Jesus dizia, mas não estavam todas de acordo. Os fariseus e os judeus falavam mal Dele, e alguns até queriam matá-Lo. Mas ainda tinham medo de fazer-Lhe mal, por causa de Sua bondade, de Sua aparência divina e nobre – embora vestisse roupas simples, como os pobres –, e mal conseguiam encarar Seu olhar.

Uma manhã, Ele estava sentado no Monte das Oliveiras, ensinando uma multidão, que O escutava com atenção. De repente, ouviram-se gritos: fariseus e escribas (outros líderes religiosos) invadiram o local, arrastando uma mulher que havia feito algo errado.

Gritavam: "Mestre! Olha esta mulher! A lei diz que ela deve ser apedrejada até morrer. E tu, o que dizes?"

---

[15] Paráfrase do que o senhor da vinha diz na Parábola dos Trabalhadores na Vinha, contada por Jesus em Mateus 20:1–16. (N.T.)

Jesus olhou firmemente para aquela multidão barulhenta. Sabia que tentavam fazê-lo dizer que a lei era injusta, para poderem acusá--Lo e matá-Lo. Mas Ele apenas Se abaixou e escreveu com o dedo na areia: "Aquele que dentre vós está sem pecado, seja o primeiro que lhe atire pedra"[16].

Enquanto eles liam isso, olhando uns sobre os ombros dos outros, e ouvindo Jesus repetir aquelas palavras, foram-se retirando, um a um, envergonhados, até que ninguém mais restou ali – apenas Jesus e a mulher, escondendo o rosto entre as mãos.

Então Jesus perguntou: "Mulher, onde estão os que te acusavam? Ninguém te condenou?" Ela respondeu, bastante trêmula: "Ninguém, Senhor". E Jesus disse: "Nem eu te condeno. Vai... e não tornes a pecar"[17].

---

[16] João 8:7 (Almeida Revista e Corrigida – ARC). (N.T.)
[17] João 8:10-11 (Almeida Revista e Corrigida – ARC). (N.T.)

Capítulo 7

Enquanto Nosso Salvador ensinava o povo e respondia às suas perguntas, certo doutor da lei levantou-se e perguntou: "Mestre, que devo fazer para viver novamente em felicidade depois da morte?"

Jesus respondeu: "O primeiro de todos os mandamentos é: 'O Senhor nosso Deus é o único Senhor. Amarás o Senhor teu Deus de todo o teu coração, de toda a tua alma, de todo o teu entendimento e de todas as tuas forças'. E o segundo é semelhante a este: 'Amarás o teu próximo como a ti mesmo'. Não há mandamento maior do que esses".

Então o doutor da lei disse: "Mas quem é o meu próximo? Dize-me, para que eu saiba".

Jesus lhe respondeu com esta parábola:

Certo homem viajava de Jerusalém a Jericó, quando foi atacado por ladrões, que o espancaram, roubaram suas roupas e o deixaram quase morto à beira da estrada. Um sacerdote passou por ali, viu o homem, mas seguiu pelo outro lado do caminho.

Em seguida, um levita também passou, olhou rapidamente e foi embora. Mas um samaritano que viajava por aquela estrada, ao vê-lo, encheu-se de compaixão. Aproximou-se, tratou seus ferimentos com óleo e vinho, colocou-o sobre o animal que ele mesmo montava e o levou a uma hospedaria.

No dia seguinte, deu duas moedas ao dono da hospedaria e disse: "Cuida bem dele, e, se gastar mais do que isso, pagarei quando voltar". "Agora", disse Jesus ao doutor da lei, "qual dos três foi o próximo daquele homem ferido?" O doutor respondeu: "Aquele que teve compaixão". E Jesus concluiu: "Vai, e faze o mesmo. Sê compassivo com todos, pois todos os homens são teus irmãos e teus próximos".

Depois, Jesus contou outra parábola para ensinar a humildade: "Quando fores convidado para uma festa ou casamento, não escolhas o lugar mais importante, pois pode ser que alguém mais honrado chegue e esse lugar lhe seja dado. Em vez disso, senta-te no último lugar, e, se for merecido, te chamarão para mais à frente. Porque todo aquele que se exalta será humilhado, e o que se humilha será exaltado".

Ele também contou esta parábola:

Um homem preparou um grande banquete e convidou muitas pessoas. Quando o jantar estava pronto, enviou seu servo para chamar os convidados. Mas todos começaram a inventar desculpas: Um disse que havia comprado um campo e precisava vê-lo; outro, que comprara bois e precisava testá-los; outro, ainda, que acabara de se casar.

O dono da casa ficou indignado e mandou o servo sair pelas ruas e estradas, e trazer os pobres, os aleijados, os cegos e os mancos.

O significado dessa parábola é que, aqueles que estão ocupados demais com os próprios interesses e prazeres para pensar em Deus e fazer o bem, não encontrarão tanto favor diante Dele quanto os humildes e aflitos.

Quando estava em Jericó, Jesus viu um homem de nome Zaqueu, que subira em uma árvore para vê-lo melhor no meio da multidão. Zaqueu era bastante malvisto pelo povo, tido como pecador. Mesmo assim, Jesus disse a ele: "Zaqueu, desce depressa, pois hoje vou ficar em tua casa".

Os fariseus e os escribas, ao ouvirem isso, murmuraram: "Ele se senta à mesa com pecadores!" Então Jesus contou a eles a famosa Parábola do Filho Pródigo:

Um homem tinha dois filhos. O mais novo pediu sua parte da herança e foi embora para uma terra distante, onde gastou tudo em vida desregrada.

Quando veio uma grande fome, ele não tinha mais nada e passou a cuidar de porcos. Sentia tanta fome que desejava comer as sobras deles.

Então, arrependido, disse: "Irei ao meu pai e direi: Pai, pequei contra o céu e contra ti. Não sou mais digno de ser chamado teu filho".

Quando ainda estava longe, seu pai o viu e correu para abraçá-lo. Mandou que lhe dessem roupas novas e preparassem um banquete.

Mas o filho mais velho, ao saber do retorno do irmão, ficou furioso e disse ao pai: "Eu sempre estive contigo e nunca ganhei uma festa. E agora celebras aquele que desperdiçou tudo?" O pai respondeu: "Filho, tudo o que tenho é teu. Mas teu irmão estava perdido e foi achado, estava morto e reviveu. Era justo que nos alegrássemos".

Com isso, Jesus ensinava que Deus sempre acolhe aqueles que se arrependem verdadeiramente, mesmo que tenham errado muito.

Mas os fariseus zombavam dessas lições, pois eram ricos, orgulhosos e se achavam superiores. Então, Jesus lhes contou a Parábola do Rico e Lázaro:

Havia um homem rico que se vestia de púrpura e vivia em festas. E havia Lázaro, um mendigo coberto de feridas, que se deitava à porta do rico e desejava comer as migalhas que caíam da mesa.

Quando morreu, Lázaro foi levado pelos anjos ao seio de Abraão, que estava no céu. O rico também morreu, mas foi levado ao inferno, onde sofria.

Lá, ele clamou: "Pai Abraão, deixa Lázaro molhar o dedo na água e refrescar minha língua!"

Mas Abraão respondeu: "Filho, tu recebeste bens em vida, e Lázaro, males. Agora ele é consolado, e tu, atormentado".

Jesus contou, ainda, a seguinte parábola:

Dois homens foram ao Templo orar. Um deles era fariseu e dizia: "Senhor, dou graças porque não sou mau como os outros homens nem como esse cobrador de impostos".

O outro era um publicano e, de longe, nem sequer levantava os olhos ao céu. Batia no peito e dizia: "Senhor, tem piedade de mim, pecador!" E Jesus disse: "Deus se agradou mais do publicano, pois ele orou com humildade e sinceridade".

Os fariseus ficaram tão irados com esses ensinamentos que mandaram espiões para tentar enganar Jesus com perguntas perigosas. Uma delas foi sobre o imposto cobrado por César, o imperador.

Eles perguntaram: "Mestre, é certo pagar tributo a César?" Jesus, sabendo o que tramavam, pediu uma moeda: "De quem é esta imagem?" "De César", responderam. Então Jesus disse: "Dai a César o que é de César, e a Deus o que é de Deus"[18].

E assim os deixou sem palavras, decepcionados por não conseguirem pegá-Lo em erro.

Enquanto ensinava, Jesus sentou-Se perto do Tesouro do Templo, onde as pessoas depositavam ofertas para os pobres. Muitos ricos passavam e davam grandes quantias. Mas uma viúva pobre colocou apenas duas moedinhas, cada uma valendo quase nada.

Jesus, vendo isso, chamou os discípulos e disse: "Essa pobre viúva foi a mais generosa de todas. Pois os ricos deram do que lhes sobrava, mas ela deu tudo o que tinha – talvez o que usasse para comprar pão".

Que nunca nos esqueçamos do que fez essa mulher, quando pensarmos no que significa ser realmente generoso.

---

[18] Baseado em Mateus 22:15-22, também em Marcos 12:13-17 e Lucas 20:20-26. (N.T.)

Capítulo 8

Havia um homem chamado Lázaro, da aldeia de Betânia, que adoeceu gravemente. Ele era irmão de Maria – aquela que havia ungido os pés de Cristo com perfume e os enxugado com seus cabelos – e de Marta. Ambas, muito aflitas, enviaram uma mensagem a Jesus, dizendo:

"Senhor, aquele a quem amas está doente e à beira da morte".

Mesmo após receber o recado, Jesus ainda permaneceu dois dias onde estava. Só depois disso disse aos discípulos: "Lázaro está morto. Vamos até Betânia".

Quando chegaram (a cidade ficava bem próxima de Jerusalém), como Jesus havia predito, Lázaro estava morto e já havia sido sepultado há quatro dias.

Ao saber que Jesus se aproximava, Marta se levantou em meio àqueles que vieram consolá-la e correu ao encontro Dele, deixando Maria chorando em casa. Quando viu Jesus, desatou a chorar e disse: "Senhor, se estivesses aqui, meu irmão não teria morrido". Jesus respondeu: "Teu irmão há de ressuscitar". "Eu sei, Senhor. Ele ressuscitará no último dia, na ressurreição", disse Marta. Então Jesus disse: "Eu sou a Ressurreição e a Vida. Crês nisto?" E ela respondeu: "Sim, Senhor".

Em seguida, correu para chamar sua irmã, Maria, dizendo-lhe que o Mestre havia chegado.

Maria então saiu correndo, acompanhada por todos os que estavam com ela, e, ao ver Jesus, caiu aos pés Dele, chorando – assim como os outros também choravam.

Vendo tanta dor, Jesus ficou profundamente comovido e chorou com eles. Então, perguntou: "Onde o colocaram?"

Eles responderam: "Senhor, vem e vê!"

Lázaro havia sido sepultado em uma gruta, com uma grande pedra cobrindo a entrada. Jesus ordenou que removessem a pedra. E, depois de levantar os olhos aos céus e agradecer a Deus, exclamou em voz alta e solene "Lázaro, vem para fora!" O morto saiu vivo da gruta, caminhando entre o povo, e voltou com suas irmãs para casa.

Diante dessa cena tão poderosa e comovente, muitos passaram a crer que Jesus era realmente o Filho de Deus, enviado para ensinar e salvar a humanidade. Mas outros foram correndo avisar os fariseus. E, a partir daquele dia, os fariseus decidiram entre si que Jesus deveria ser morto, para que não houvesse mais pessoas que acreditassem Nele. Reunidos no Templo, combinaram que, se Ele entrasse em Jerusalém antes da festa da Páscoa, seria capturado.

Foi seis dias antes da Páscoa que Jesus ressuscitou Lázaro. Naquela noite, durante a ceia em que todos estavam juntos – inclusive Lázaro –, Maria ungiu novamente os pés de Jesus, desta vez com um perfume muito caro, conhecido pelo nome de nardo puro, e os enxugou com os cabelos. A casa inteira ficou perfumada.

Judas Iscariotes, um dos discípulos, fingiu estar indignado e disse que o perfume poderia ter sido vendido por trezentas moedas, e o valor, dado aos pobres. Mas, na verdade, ele dizia isso por ganância.

A partir daí, Judas começou a tramar a traição, planejando entregar Jesus aos principais sacerdotes.

Com a Páscoa se aproximando, Jesus partiu com Seus discípulos em direção a Jerusalém. Ao se aproximarem da cidade, Ele apontou uma vila e disse a dois deles: "Ali encontrareis uma jumenta presa, com um jumentinho ao lado. Trazei-os a mim".

Os discípulos foram, encontraram os animais exatamente como Jesus havia descrito e os trouxeram. Jesus montou no jumento e entrou em Jerusalém.

Uma multidão imensa o cercou pelo caminho, lançando suas vestes ao chão, cortando ramos verdes das árvores e espalhando-os por onde Ele passava, enquanto gritavam:

"Hosana ao Filho de Davi! Bendito o que vem em nome do Senhor! Esse é Jesus, o Profeta de Nazaré!"

Ao entrar no Templo, Jesus expulsou os cambistas e os que vendiam pombas, dizendo: "A casa de meu Pai é casa de oração, mas vocês a transformaram em um covil de ladrões!"

Quando os cegos e os coxos foram até Ele, Jesus os curou com as próprias mãos.

As crianças também gritavam: "Esse é Jesus, o Profeta de Nazaré!", e não se deixavam silenciar.

Ao verem tudo isso, os sacerdotes e os escribas sentiram um grande desconforto com a popularidade crescente de Jesus Cristo. Mas Jesus continuou curando e fazendo o bem. E então foi hospedar-se em Betânia, uma aldeia próxima de Jerusalém, mas fora de seus muros.

Certa noite, acabada a ceia, Jesus levantou-Se da mesa, pegou uma bacia com água e uma toalha e começou a lavar os pés de Seus discípulos. Pedro tentou impedi-Lo, mas Jesus explicou que fazia aquilo para que eles, ao se lembrarem de Seu gesto, aprendessem a ser humildes e gentis e a nunca se deixarem dominar pelo orgulho.

Depois, olhando para todos eles, Jesus disse: "Um de vocês vai me trair".

Os discípulos se espantaram e começaram a perguntar, um por um: "Serei eu, Senhor?"

Jesus respondeu apenas: "É aquele que come comigo no mesmo prato".

João, o discípulo a quem Jesus amava, estava reclinado ao Seu lado. Pedro fez um sinal para que ele perguntasse quem seria o traidor.

Então João perguntou, e Jesus respondeu: "É aquele a quem eu der um pedaço de pão molhado".

Em seguida, molhou o pão e o entregou a Judas Iscariotes, dizendo: "O que tens a fazer, faze-o depressa".

Os outros discípulos não entenderam o que isso significava – mas Judas compreendeu que Jesus sabia de sua traição.

Ele então saiu imediatamente. Era noite. E foi direto até os principais sacerdotes, dizendo: "O que me dareis se eu vos entregar Jesus?"

Os sacerdotes lhe ofereceram trinta moedas de prata. E por esse preço Judas se comprometeu a trair e a entregar seu Mestre, Jesus Cristo.

Capítulo 9

A festa da Páscoa já estava próxima, e Jesus disse a dois de Seus discípulos, Pedro e João: "Ide à cidade de Jerusalém, e encontrareis um homem carregando um cântaro de água. Segui-o até sua casa e dizei-lhe: 'O Mestre pergunta onde está o aposento, onde poderá comer a Páscoa com Seus discípulos'. E ele vos mostrará um grande salão no andar de cima, já mobiliado. Ali, preparai a ceia"[19].

Os dois discípulos encontraram tudo conforme Jesus dissera: encontraram o homem com o cântaro, seguiram-no até sua casa, viram o salão e prepararam a ceia.

Jesus e os demais apóstolos chegaram no horário de costume, e todos se sentaram para comer juntos.

---

[19] Marcos 14:13-15 (Almeida Revista e Corrigida – ARC). (N.T.)

Essa ceia é sempre chamada de "A Última Ceia", porque foi a última vez que Nosso Salvador comeu e bebeu com Seus discípulos.

Durante a refeição, Ele tomou o pão da mesa, abençoou-o, partiu-o e deu a eles, e também tomou o cálice, deu graças e passou-o, dizendo: "Fazei isto em memória de Mim".

E, quando terminaram a ceia e cantaram um hino, saíram para o Monte das Oliveiras.

Ali, Jesus lhes disse que naquela noite seria preso, e que todos o abandonariam, pensando apenas na própria segurança.

Pedro protestou, com grande sinceridade, que nunca faria isso, mas Jesus lhe respondeu: "Antes que o galo cante, me negarás três vezes".

Pedro, porém, insistiu: "Não, Senhor! Ainda que eu tenha de morrer contigo, jamais te negarei!" E todos os outros discípulos disseram o mesmo.

Jesus então os conduziu pelo riacho Cedron, até o jardim de Getsêmani, e levou consigo três discípulos para uma parte mais retirada do jardim.

Ali, deixou-os, como havia deixado os outros, dizendo: "Ficai aqui e vigiai". E, afastando-se, foi orar sozinho, enquanto os discípulos, cansados, adormeceram.

Jesus, naquela hora, sofreu profunda tristeza e angústia, pois conhecia a maldade dos homens de Jerusalém que logo O matariam. Chorou diante de Deus, e Sua dor era intensa e pesada como um grande fardo.

Quando terminou de orar e recebeu conforto de Deus, voltou aos discípulos e disse: "Levantai-vos! Vamos! Aquele que vai me trair já se aproxima!"

Judas conhecia bem aquele jardim, pois Jesus ali caminhara muitas vezes com Seus discípulos. E, quase no instante em que Jesus dizia essas palavras, Judas apareceu, acompanhado por um grupo numeroso de guardas e oficiais, enviados pelos principais sacerdotes e fariseus.

Como era noite, traziam tochas e lanternas, além de espadas e bastões, pois temiam que o povo se revoltasse para defender Jesus, e por isso não ousaram prendê-Lo em plena luz do dia, quando Ele ensinava nas ruas.

Como o chefe da guarda nunca tinha visto Jesus, Judas havia dito aos soldados: "Aquele a quem eu beijar será ele".

Jesus perguntou: "A quem buscais?" Eles responderam: "A Jesus de Nazaré". Jesus respondeu: "Sou Eu".

Judas então confirmou, dizendo: "Salve, Mestre!", e o beijou.

Jesus lhe respondeu: "Judas, trais o Filho do Homem com um beijo?"

A guarda, então, avançou para prendê-lo. Ninguém tentou defendê-lo, exceto Pedro, que, tendo uma espada, a sacou e cortou a orelha direita do servo do sumo-sacerdote Malco.

Mas Jesus mandou que Pedro guardasse a espada e entregou-se voluntariamente.

Todos os discípulos O abandonaram e fugiram.

Não ficou um só – nem um sequer – para fazer-Lhe companhia.

Capítulo 10

Depois de algum tempo, Pedro e outro discípulo criaram coragem e seguiram, em segredo, os guardas que haviam levado Jesus para a casa de Caifás, o sumo-sacerdote, onde os escribas e outros homens estavam reunidos para interrogá-Lo.

Pedro ficou do lado de fora, mas o outro discípulo, que era conhecido do sumo-sacerdote, entrou. Logo depois, voltou e pediu à mulher que vigiava a porta para deixar Pedro entrar também.

Ela olhou para ele e perguntou: "Você não é um dos discípulos dele?" E ele respondeu: "Não sou". Ela então o deixou entrar. E Pedro ficou ali, diante de uma fogueira, aquecendo-se junto aos criados e guardas, pois fazia muito frio naquela noite.

Alguns daqueles homens lhe fizeram a mesma pergunta:

"Você não é um dos discípulos?" E novamente ele negou: "Não sou". Então, um deles, parente daquele a quem Pedro havia cortado a orelha com a espada, indagou:

"Não vi você no jardim com ele?"

Pedro, então, negou pela terceira vez, com um juramento, dizendo: "Não conheço esse homem!"

Imediatamente o galo cantou. E Jesus se voltou e olhou diretamente para Pedro. Então Pedro se lembrou do que o Senhor havia dito: que antes que o galo cantasse, ele o negaria três vezes. Pedro saiu dali e chorou amargamente.

Dentre as muitas perguntas feitas a Jesus, o sumo-sacerdote quis saber o que Ele havia ensinado ao povo. Jesus respondeu que havia falado abertamente, à luz do dia, nas ruas e sinagogas, e que os sacerdotes deveriam perguntar ao povo o que tinham aprendido com Ele.

Por essa resposta, um dos oficiais esbofeteou Jesus. Duas testemunhas falsas apareceram, dizendo que haviam ouvido Jesus dizer que poderia destruir o Templo de Deus e reconstruí-lo em três dias.

Jesus pouco respondeu; mas os escribas e os sacerdotes O declararam culpado de blasfêmia e decidiram que Ele deveria morrer. E cuspiram Nele, bateram-Lhe e O humilharam.

Quando Judas Iscariotes viu que Jesus realmente havia sido condenado, ficou tomado de horror pelo que havia feito.

Levou as trinta moedas de prata de volta aos principais sacerdotes e disse: "Pequei! Traí sangue inocente! Não posso ficar com isto!" E, dizendo essas palavras, lançou o dinheiro ao chão do Templo, correu para longe, consumido pelo desespero, e enforcou-se.

O Rei dos reis

A corda, por ser fraca, rompeu-se com o peso do corpo dele, e Judas caiu no chão, ferido e machucado – uma visão terrível.

Os sacerdotes, sem saber o que fazer com aquele dinheiro, compraram um campo para sepultar estrangeiros, conhecido como Campo do Oleiro. Mas o povo passou a chamá-lo de Campo de Sangue, para sempre.

Jesus foi levado da casa dos sacerdotes para o Pretório, onde Pôncio Pilatos, o governador romano, julgava os acusados.

Pilatos, que não era judeu, perguntou a Ele: "Teu próprio povo e os teus sacerdotes te entregaram a mim. O que fizeste?"

Mas, não encontrando culpa alguma em Jesus Cristo, Pilatos saiu e contou isso ao povo.

Os judeus, porém, insistiram: "Ele ensina coisas erradas, desde os tempos da Galileia!"

Como Herodes era o responsável pela Galileia, Pilatos mandou que levassem Jesus até ele. Lá, Herodes, cercado de soldados, zombou de Jesus, vestiu-O com um manto luxuoso como deboche e O enviou de volta a Pilatos.

Pilatos convocou novamente os sacerdotes e o povo e declarou: "Nem eu nem Herodes encontramos culpa alguma neste homem. Ele nada fez para merecer a morte".

Mas todos gritaram ainda mais alto: "Merece, sim! Sim! Que Ele seja morto!"

Pilatos ficou perturbado com a fúria da multidão. Sua esposa, que havia tido um sonho inquietante, mandou dizer-lhe: "Não te envolvas com esse homem justo".

Era costume, durante a festa da Páscoa, libertar um prisioneiro. Pilatos tentou convencer o povo a pedir a libertação de Jesus.

Mas eles gritaram, influenciados pelos sacerdotes:

– "Não! Liberta Barrabás! Crucifica este!"

Barrabás fora preso por seus inúmeros crimes e condenado à morte. Porém, diante da pressão da multidão, Pilatos mandou que Jesus fosse severamente espancado.

Os soldados teceram uma coroa de espinhos, colocaram-na na cabeça Dele, vestiram-no com um manto púrpura, cuspiram Nele, bateram-Lhe com as mãos e zombaram, dizendo: "Salve, Rei dos Judeus!"

Lembravam-se de quando o povo O havia saudado como Filho de Davi ao entrar em Jerusalém.

Jesus suportou tudo com paciência e apenas disse: "Pai, perdoa-lhes, pois não sabem o que fazem"[20].

Mais uma vez, Pilatos trouxe Jesus diante do povo, ainda vestido com o manto púrpura e a coroa de espinhos, e disse: "Eis o homem".

A multidão gritou com ferocidade: "Crucifica-O! Crucifica-O!" E o mesmo fizeram os sacerdotes e os oficiais.

Pilatos respondeu: "Levai-O, vós mesmos, e crucificai-O. Eu não encontro culpa nele".

Mas eles clamaram: "Ele se declarou Filho de Deus, e por isso, pela Lei dos Judeus, é merecedor de morte! Disse ser Rei dos Judeus, e isso é contra a Lei de Roma, pois só temos um rei: César! Se O soltares, não és amigo de César! Crucifica-O!"

---

[20] Lucas 23:34 (Almeida Revista e Corrigida – ARC). (N.T.)

O Rei dos reis

Vendo que, por mais que tentasse, não conseguiria deter a multidão enfurecida, Pilatos mandou trazer água e lavou as mãos diante da multidão, dizendo: "Sou inocente do sangue deste homem justo". Então, entregou Jesus aos soldados para ser crucificado. E eles, gritando, cercando-O e tratando-O com insultos e crueldade, levaram-No embora, enquanto Ele, ainda assim, orava a Deus por eles.

Capítulo 11

Para que vocês saibam o que o povo queria dizer quando gritava "Crucifica-O!", devo contar que, naqueles tempos – tempos muito cruéis (louvado seja Deus e Jesus Cristo por terem passado!) –, era costume executar os condenados à morte pregando-os vivos em grandes cruzes de madeira, fincadas no chão. E ali os deixavam, expostos ao sol, ao vento, ao dia e à noite, até que morressem de dor e sede.

Era também costume que o condenado carregasse, ele mesmo, o madeiro onde seria pregado, para aumentar sua vergonha e seu sofrimento.

Assim, carregando Sua cruz sobre os ombros, como se fosse o mais vil dos criminosos, o Nosso Bendito Salvador, Jesus Cristo, cercado por uma multidão que O perseguia, saiu de Jerusalém em direção a um lugar chamado, em hebraico, Gólgota – que significa Lugar da Caveira.

Chegando ao monte Calvário, pregaram-Lhe cravos nas mãos e nos pés e ergueram Jesus Cristo em uma cruz, entre duas outras cruzes, nas quais estavam pendurados dois ladrões. Acima de Sua cabeça, fixaram esta inscrição:

"Jesus de Nazaré, Rei dos Judeus", escrita em hebraico, grego e latim.

Enquanto isso, quatro soldados, sentados no chão, dividiram Suas roupas entre si e lançaram sortes sobre Sua túnica. Jogavam e conversavam, como se nada se passasse, enquanto Ele sofria.

Ofereceram-Lhe vinagre com fel e vinho com mirra, mas Ele não quis beber. Os homens maus que por ali passavam zombavam Dele: "Se és o Filho de Deus, desce da cruz!" Também os principais sacerdotes zombaram: "Ele veio salvar os pecadores. Que salve a si mesmo!"

Um dos ladrões também o insultou: "Se és o Cristo, salva-te a Ti mesmo e a nós!".

Mas o outro ladrão, arrependido, disse: "Senhor, lembra-Te de mim quando entrares no Teu Reino!" E Jesus lhe respondeu: "Hoje mesmo estarás comigo no Paraíso".

Ali, ao pé da cruz, estavam apenas um discípulo e quatro mulheres – Deus abençoe aquelas mulheres por seus corações fiéis e ternos!

Eram elas: Maria, mãe de Jesus, sua irmã, Maria, esposa de Clopas, e Maria Madalena, que já por duas vezes havia enxugado os pés de Jesus com seus cabelos. O discípulo era João, "aquele a quem Jesus amava", o mesmo que reclinara a cabeça no peito do Mestre e perguntara quem seria o traidor.

Jesus, vendo-os ali, disse a Sua mãe que João seria como um filho para ela. E, desde aquela hora, João cuidou dela como um filho cuida de sua mãe.

O Rei dos reis

Por volta da sexta hora, houve uma profunda e terrível escuridão sobre toda a terra, que durou até a nona hora.

E então Jesus bradou em alta voz: "Deus meu, Deus meu, por que Me abandonaste?"[21]

Os soldados, ouvindo-O, molharam uma esponja em vinagre, colocaram-na na ponta de um caniço e a estenderam até Sua boca.

Depois que Ele provou, disse: "Está consumado!" E, então, bradou: "Pai, em Tuas mãos entrego o Meu espírito!" E morreu.

Então houve um grande terremoto. A cortina do Templo se rasgou de alto a baixo. As pedras se partiram. O centurião e os guardas, espantados, disseram uns aos outros: "Verdadeiramente esse era o Filho de Deus!"

Os que observavam de longe voltaram para casa tomados de temor e tristeza.

Como o dia seguinte era sábado, os judeus pediram a Pilatos que os corpos fossem retirados das cruzes.

Vieram os soldados e quebraram as pernas dos dois ladrões, para que morressem mais rápido.

Mas, ao chegarem a Jesus, vendo que já estava morto, não Lhe quebraram as pernas; apenas transpassaram Seu lado com uma lança, de onde saiu sangue e água.

Havia um homem bom, José de Arimateia, que acreditava em Jesus Cristo. Ele foi a Pilatos, em segredo, por medo dos judeus, e pediu o corpo de Jesus.

Pilatos consentiu.

---

[21] Mateus 15:34 (Almeida Revista e Corrigida – ARC). (N.T.)

José e Nicodemos envolveram o corpo em linho com especiarias – como era costume entre os judeus – e o colocaram em um túmulo novo, escavado na rocha, próximo ao local da crucificação, onde ninguém jamais havia sido sepultado. Em seguida, fecharam a entrada com uma grande pedra, e Maria Madalena e a outra Maria ficaram sentadas ali, vigiando o sepulcro.

Os sacerdotes, lembrando-se de que Jesus dissera que ressuscitaria no terceiro dia, pediram a Pilatos que colocasse uma guarda no túmulo, para que os discípulos não roubassem o corpo e dissessem ao povo que Ele havia ressuscitado.

Pilatos concordou, e então selaram a pedra e colocaram soldados de vigia.

Mas, na manhã do terceiro dia, Maria Madalena, a outra Maria e outras mulheres foram ao sepulcro levando mais especiarias. Diziam entre si: "Quem removerá a pedra da entrada?"

Quando se aproximaram da entrada da gruta, houve um terremoto, e um anjo desceu do céu, removeu a pedra e sentou-se sobre ela. Seu rosto brilhava como relâmpago, e suas vestes eram brancas como a neve. Os guardas, ao vê-lo, desmaiaram de medo.

Maria Madalena, vendo a pedra removida, correu até Pedro e João: "Levaram o Senhor! E não sabemos onde o puseram!"

Todos correram ao sepulcro. João chegou primeiro, inclinou-se e viu os lençóis. Pedro entrou e viu os lençóis num canto e o sudário dobrado em outro. Depois, João também entrou, e então voltaram para contar aos demais.

Mas Maria Madalena permaneceu ali, chorando.

O Rei dos reis

Quando olhou para dentro do sepulcro, viu dois anjos vestidos de branco sentados onde o corpo de Jesus estivera.

Eles perguntaram: "Mulher, por que choras?" Ela respondeu: "Porque levaram meu Senhor, e não sei onde o colocaram".

Virando-se, viu Jesus, mas não O reconheceu.

Ele disse: "Mulher, por que choras? A quem procuras?"

Ela pensou que fosse o jardineiro e respondeu: "Senhor, se o levaste, diz-me onde o puseste e eu o levarei".

E Jesus então disse: "Maria".

Ela O reconheceu e exclamou: "Mestre!"

Mas Jesus lhe disse: "Não me toques, pois ainda não subi para meu Pai. Vai e diz a meus discípulos: subo para meu Pai e vosso Pai, para meu Deus e vosso Deus".

Maria Madalena foi e contou aos discípulos que viu o Senhor; então repetiu as palavras Dele.

Logo as outras mulheres também vieram, contando que haviam visto anjos com vestes resplandecentes, os quais lhes disseram que Jesus havia ressuscitado e que, no caminho, viram o próprio Jesus e O adoraram.

Mas os discípulos, naquele momento, acharam que eram histórias sem sentido e não acreditaram.

Os guardas, quando voltaram e contaram aos sacerdotes o que viram, foram subornados com grandes quantias e instruídos a dizer que os discípulos tinham roubado o corpo durante a noite.

No mesmo dia, Simão e Cléopas caminhavam em direção ao vilarejo de Emaús, conversando sobre esses acontecimentos, quando um estranho os encontrou no caminho e explicou as Escrituras com grande sabedoria.

Ao chegarem ao vilarejo, convidaram o estranho para jantar. Quando Ele partiu o pão e o abençoou, eles reconheceram que era Jesus – e, no mesmo instante, Ele desapareceu.

Simão e Cléopas voltaram a Jerusalém, encontraram os discípulos e contaram o que viram. Enquanto falavam, Jesus apareceu no meio deles, dizendo: "Paz seja convosco!"[22]

Mostrou-lhes as mãos e os pés, e, para confortá-los, comeu peixe assado e favo de mel diante de todos.

Mas Tomé, um dos doze, não estava presente.

Quando lhe disseram que tinham visto o Senhor, ele respondeu: "Se eu não vir os cravos e não tocar no lado Dele, não crerei".

Então, Jesus apareceu novamente, com as portas fechadas, e disse: "Paz seja convosco". Depois, voltou-se a Tomé:

"Toca em minhas mãos e em meu lado. Não sejas incrédulo, mas crente".

Tomé exclamou: "Meu Senhor e meu Deus!"

Jesus respondeu: "Porque me viste, creste. Bem-aventurados os que não viram e creram".

Jesus foi visto por mais de quinhentos seguidores.

Permaneceu com eles por quarenta dias, ensinando-os a pregar o Evangelho por todo o mundo, sem temer os homens maus.

E, conduzindo-os até Betânia, abençoou-os e subiu aos céus numa nuvem, sentando-Se à direita de Deus.

---

[22] João 20:19 (Almeida Revista e Corrigida – ARC). (N.T.)

Dois anjos apareceram e disseram que, assim como subiu, um dia voltará para julgar o mundo.

Depois disso, os apóstolos começaram a ensinar em Seu nome. Escolheram Matias para substituir o traidor Judas. Eles curavam os enfermos, davam visão aos cegos, voz aos mudos, audição aos surdos, como Jesus havia feito. Pedro, preso, foi liberto por um anjo. E, por seu poder e oração, um homem chamado Ananias e sua esposa Safira, que haviam mentido, caíram mortos diante de Deus. Os apóstolos foram perseguidos em todos os lugares. Um homem de nome Saulo, que ajudou a matar Estêvão, os perseguia com crueldade. Mas, no caminho de Damasco, uma luz o cegou, e uma voz do céu disse: "Saulo, Saulo, por que me persegues?" Cego por três dias, foi curado por um cristão, e tornou-se Paulo, o apóstolo.

Assim, o nome "cristãos" foi dado aos seguidores de Cristo, porque eram discípulos e seguidores de Jesus e de Seus ensinamentos.

Mesmo com perseguições, milhares surgiram, e a fé cristã espalhou-se pelo mundo.

Lembrem-se sempre: ser cristão é fazer o bem – até aos que nos fazem o mal. É amar o próximo como a si mesmo, ser manso, misericordioso e humilde. É não se exaltar nem se vangloriar da fé, mas viver com bondade e retidão.

Se fizermos isso e seguirmos os ensinamentos do Senhor Jesus Cristo, podemos ter plena confiança de que Deus perdoará nossas falhas e nos concederá paz na vida e na morte.